대숲에 내리는 시

대숲에 내리는 시

김가혜 시집

단인숲

| 시인의 말 |

담양의 대숲은 제 마음이 쉬어가는 자리,
차향은 제 시가 머무는 자리입니다.
아침이면 찻잎을 따고, 낮이면 차를 덖으며,
그 틈새마다 스며든 바람과 빛,
그리고 그리운 사람의 얼굴을
조용히 시로 옮겼습니다.

『대숲에 내리는 시』는
계절마다 다른 숲의 숨결과
그 속에서 피고 진 인연과
그리움을 담은 작은 찻잔입니다.

바람에 맺힌 이슬처럼,
이 시들이 당신 마음 위에
고요히 내려앉기를 바랍니다.

어느 날, 대나무 숲에 바람이 불고 숲이 흔들릴 때
그리움은 바람이 되고,
저는 그 숲의 대나무가 되어
지금 이곳에 서 있습니다.

앞으로도 남은 긴 여정을
여러분과 함께, 바람과 숲의 시가 되어
살아가고자 합니다.

김가혜

| 차례 |

시인의 말   04

제1부_ 바람이 춤추는 숲에서

대숲의 감성무	13
대숲의 바람	15
대숲에서는 푸른 바람이 분다	17
대숲소리	18
5월의 대숲	19
겨울 대숲에서	20
4월의 대나무숲에서는	22
담양의 가을은 녹색	24
세계 중요 농업유산, 그 대나무밭	25
담양의 봄은 대숲에서 온다	27
대나무	29
죽로차竹露茶	30
여름날의 대숲	32

제2부_ 찻잎에 맺힌 하루

삼다리 죽로차 따는 여인	37
죽로차를 딸 때는	38
죽로 청명차	40
4월에서 5월	41
6월의 차	43
8월의 홍차	44
홍차	46
차의 정신	48
나는 지금 어디에 있는 걸까?	49
마음의 길	51

제3부_ 일상의 담양, 소소한 풍경

담양 남산에서 해가 떠오를 때는	55
천사의 섬 비금도	57
비금도 명사십리	59
메타세쿼이아 가로수길	60
세계 대나무 박람회	62
세계 속의 담양 추월산	64
소쇄원의 대봉대	66
소쇄원瀟灑園의 가을	68
불두화	70
제행무상	71
메리골드 꽃	72
나알리아 꽃	73
단술	75
빈 들판을 바라보며	77
담쟁이	78
일 년에 한 번 만나 실화 상봉수	80
10월의 마지막 밤	82

제4부_ 사람, 사랑, 그리고 기억

민들레	85
울 엄마	87
희망이	89
그리운 딸에게	91
추억	93
지나간 단풍	95
인연	96
아름다운 여인	98
지리산 여 스님	100
외사랑	102
인생은 미풍	104
삶의 지평선	106
희망을 꿈꾸는 여인	108
관계	110

제5부_ 끝에서 피어나는 위로

백련꽃	115
5월의 끝에서 머물다	117
천사의 깃털 하나	119
어머니 소천하신 날에	121
비금도 어머니 마음	123
이별의 향연	124
그리움	125
봄! 봄! 봄!	126
산다는 것은	128
민들레 2	130

해설 대숲에서 건져 올린 향기 나는 시_ 정혜진   132

제1부

바람이 춤추는 숲에서

대숲의 감성무
- 국근섭을 위하여

바람조차 숨을 죽인
고요한 대나무 숲

실크 자락 휘날리며
발끝에 힘을 모은다
소매 끝엔
소리 없는 댓가지의
푸른빛이 돈다

한 걸음 옮길 때마다
숲은 고개를 숙이고
손끝이 허공을 그을 때
바람은 노래가 된다

감정은 말이 아니어도
몸짓으로 피어나는 꽃.
슬픔은 물결처럼 흐르고
기쁨은 푸른 숨결로 스친다

허공을 가르는 선율 속에
풀벌레도 멈추고
대나무 그림자도 멍하니 서서
춤을 바라본다

마치 신령이 내린 듯

그 숲은 무대가 되고
그는 춤춘다

낙엽이 흙이 되듯
춤은 숲이 되고
그는 바람이 된다.

대숲의 바람

비가 오고, 바람 부는 대숲
심장이 움츠러든다

햇빛이 가지 사이로 스며들고
바람은 대숲을 두드린다

그 소리는
여인의 삼베 치마 스치는 소리

뭇 사내의 가슴이
흔들린다

텅 빈 대나무 속엔
감춰둔 속내가 숨어 있다

바람이 불면
대숲은 긴장과 설렘 사이
얇은 선 위에 선다

첫 키스처럼
달콤하고 날카로운
바람의 숨결이 스친다

삼베 치마 끝에 스민 향기
사내의 가슴을 조용히 흔든다.

대숲에서는 푸른 바람이 분다

언제부터였을까
푸른 대숲엔
봄빛에 물든 댓잎들이
바람에 쪽배처럼 흔들리며
하늘거리가 바닥에
살포시 내려앉는다

물 머금은 대나무들은
짙은 녹색으로 푸르게 솟구쳐
연초록빛 하늘을 찌른다

며칠 사이 자라
전봇대처럼 우뚝 서 있지만
어색했는지
양팔을 쭉 펼쳐
어깨쭉지 마냥 가지를 벌리고
그 끝마다 댓잎들을
모빌처럼
매달아 놓았네.

대숲소리

목백일홍 가지 사이로
우뚝 서 있는 대나무가
바람에 서걱거린다

낯익은 바람소리,
콧등과 귓가를 간질이고
살갗에 닿을 듯
들판의 연노랑빛 가을 풍경들

가슴속 바람소리로,
들판의 바람소리로,
온 마을의 대숲 소리로

가을이
바람이 되어 불어온다.

5월의 대숲

삼다리 대숲 속에는
죽로차가 자라고 있다.

죽로 찻잎이
바람 부는 날

짙은 청향을 더하고,
대나무가 서로를 부대끼며
빈속을 채워가고,

댓잎들은 바람결에
이야기를 나눈다

그러면, 차를 따는 여인은
녹색 피를 머금은

대숲 속의 대나무
여인이 되어간다.

겨울 대숲에서

겨울, 푸르른 대숲에서는
세찬 바람과 흰 눈이 내리면
대나무들이 힘에 겨워
소리를 지르며 휘어진다

대통 속에
아무것도 없는 줄 알았는데,
그 속에는
많은 말씨들이 있었나 보다
부서지며 흩어지는 걸 보니

겨울 대숲은 푸르지만
하얀 눈이 내리는 날이면
가끔은 소리를 내기노 하고
인고의 시간을 보낸다

겨울 대숲은 사계절 중
봄을 준비하는 생명의 쉼터가 되어
마음을 비워내는 숲으로 변한다

하얀 눈이 소복이 내리는 날에는
흩어진 말씨들을 묻어 버리며
순백의 푸른 숲이 된다.

4월의 대나무숲에서는

댓잎의 아침이슬이
차나무에 닿기도 전

나는 대숲에 들어가
찻잎을 딴다

혼자 찻잎을 따는 사이
대나무가
펑펑
쩌어억
갈라지며 터지는 소리

누군가 숲속을 걸어오는 듯
놀라 얼굴을 들지만
아무도 없고

나는 잠시
대숲 속에 눌린다

바람도 없이
메마른 날씨
갑작스러운 기온 탓일까

마디마다
꼭꼭 담아두었던
말의 씨앗을

이번엔
다 터뜨려버릴 모양이다.

담양의 가을은 녹색

대숲 속의 가을은 푸르고
변함없는 나무요 곧음이며

싱그럽고 풋풋한 향기가 있는
풀빛이다

어쩔 때는 사람들도 대나무처럼
향기와 바람 소리가 들리기도 하고

하늘에서 내려다보는 대숲은
푸른 초원이다

담양의 가을은
기다림과 여유의 녹색이다.

세계 중요 농업유산, 그 대나무밭

너는
원래부터 그렇게
반듯하게 자라
푸른 숲을 이룬 걸까?

언제부터
마디가 생겨
마디마디 이야기를
꼭꼭 숨겨두었을까?

작은 푸른 숲이
강산이 몇 번 바뀌는 사이
수십만 평의 대숲으로 자라나

하나니 마을을 이루고
물이 흘러 저수지를 만들고
다시 강이 되어
옥토를 이루니

마을 농부들은
물을 길어 논밭을 일구고
대나무로 바구니를 엮어
자식들을 공부시키며
풍족하게 살아간다

대숲은 생금밭
대대손손 잘 가꾸어
길이길이 보전하세.

담양의 봄은 대숲에서 온다

겨울의 대나무는 푸르름 속에
움직임이 없으며

바람이 불어도 가지만
살짝 흔들릴 뿐이다

햇빛이 비치는 오후에는
모든 가지들이 쭉쭉 늘어지며

대숲의 아지랑이는 뿌리에서
스멀스멀 올라온다

봄은 그때부터다
대숲의 어둠 속에서

휘파람새는 밤새
휘익! 휘익! 불어대고
아침은 그렇게 밝아 오며

대잎의 푸릇한 향기로움과
따사로움이 바람과 함께
봄이 온다.

대나무

공허하다 못해
마디마디 막아서
허공으로 차고 오르다

바람에 서로 부딪치다
구부러지기도 하지만
꺾이지는 않는다

비가 오는 날은
마디마디 푸른빛이
청음이 나는 듯하다

달빛에 대나무는
기다리는 이 없이
그저 푸르름으로 서 있다.

죽로차 竹露茶

하느님께서
모세의 기적을 보이듯이
대숲에서도
뿌리가 길을 열어주는 날

신묘한 차씨 하나 떨어져
인간에게 약이 되고
마음을 다스려 주니
사람들은 그 나무를
차나무라 하고

이른 아침, 댓잎의
영롱한 이슬을 먹고 자랐으니
그 향기, 천상의 향이라
그 나무를 죽로차라 하고

맛 또한 그 어떤 감로보다
좋다 해서 차茶 중에 으뜸이어
임금님께 바치고,
이제는 모든 이들이 즐겨하니

죽로차 하면
담양이라 한다.

여름날의 대숲

눅눅하고 숨 쉴 틈 없이 꽉 들어찬
녹색의 푸른 잎들이 넘실거리는 대숲
이때쯤이면 속을 비우기 위해
펑펑 소리 지르며 터질 텐데,
웬일인지 무섭도록 조용한 대숲

이제는 해가 쨍쨍거려도 잘 버티고,
매년 대나무를 솎아내던 주인은
나이 들어 대나무를 베어내기도,
자신의 몸 하나 건사하기도
힘이 드니 이제 집 앞의 대숲은
숨 쉴 틈 없는 꽉 찬 대나무 숲이
될 것 같다

여백이 없어 바람이 잘 안 통하고
비둘기, 까치, 이름 모를 새들이
내 소중한 차에 오물을 묻힌다
짜증이 나지만 그래도

난 이곳이 좋다

야생의 오지 같은 청량함이 있어
녹색의 푸르름이 좋다.

제2부

찻잎에 맺힌 하루

삼다리 죽로차 따는 여인

찻일 한 지 어언 20년이 지났다. 산속을 헤매며 동네 어머니들과 함께 보낸 세월이 엊그제 같은데, 어느새 나는 40대에서 60대로, 동네 엄니들은 60에서 80으로 나이를 먹었다. 산으로 차 따러 가시기엔 다리가 아프고, 이제는 친구 같은 화순댁 엄니만 모시고 산 언저리에서만 찻잎을 따고 있다.

올해까지는 어찌어찌 따고 있지만, 내년에는 누구와 벗하며 차를 딸지 걱정이다. 생각해보니 내가 가장 잘하는 것은 차 만드는 일과 차 따는 것, 차 마시는 것. 그리고 삼다리 차밭을 누구보다 잘 안다는 것이다.

코로나19로 3월에는 삼다리를 떠나볼까도 생각했지만, 지금까지 차 공부하고 차 만드는 일만 하다 보니 그것도 쉽지 않았다. 다시금 마음을 다잡고 찻일을 하다 보니 벌써 6월이다. 사는 거는 매한가지인데, 차를 만들다 보니 힘이 생기고 다시금 본래의 자리로 와 있는 걸 보니, 천상 나는 삼다리에서 죽로차를 따는 녹색빛의 차인인가 보다.

죽로차를 딸 때는

나의 봄은 녹색이다.
푸른 대숲과 차나무만이
나의 친구, 나의 사유

가끔 바람에 놀라고
가시에 긁히기도 하지만
잎을 따는 하루는
조용한 웃음이다

읍내 여인네의 봄옷이
부럽기도 하다
두 달쯤 지나면
봄은 훌쩍 가버려
봄옷 한 번 못 입는다

이십여 년을 그렇게 살아왔다

봄을 가장 좋아하면서도
녹색에서 벗어나지 못한 채
차향에 취해
여름·가을·겨울만 느낀다

봄은
녹색 숲 속
차 따는 여인일 뿐이다.

죽로 청명차

대숲 속 아침이슬을 머금고 자란
죽로차, 청명절의 첫물차

한 모금 마시니
혀끝에 맴도는 은은한 단맛
목을 타고 부드럽게 흐르며
코끝엔 청포도 와인의 청향이 피어난다

이보다 더 고요한 기쁨이 있을까

찻잔에 남은 잔향은
그 어떤 향수보다 깊고 은근하다

차를 넣고, 차를 마시는 시간
나는 대숲 속을 흐르는
녹차의 샘, 명천이다.

4월에서 5월

대숲 속에서 청명차를
따는 날에는 홀딱 벗고 새가 울고
우전차를 딸 때는 휘파람새
곡우차를 따며 세작으로 넘어갈 때는
소쩍새가 산 넘어 소쩍소쩍

세작을 지나 중작으로 넘어갈 때는
뻐꾸기가 뻐국! 뻐~ 뻐꾹!
뻐꾸기가 울면 가뭄이 온다고
동네 어머니가 말씀하신다

매실이 왕구슬 같이 동글동글
해지면 딱따구리가 나무속을
두드리며 딱딱! 작은 소고 소리가
대숲 속을 타악기 연주하듯 딱딱거린다

시절 따라 새소리가 달라지다 보면
어느덧 봄은 연초록에서 녹색으로
변해가고 대숲속 어스름 저녁나절

까치 떼들이 시끄럽게 먹이를 찾아
헤매며 영역을 차지하기 위해
무리를 이루며 대숲 속으로 안착한다.

6월의 차

뜨거운 햇살
조금의 틈도 없이
내리쬐는 오후

입안에 신물이 올라오듯
이제는
쌉싸름한 맛이다

농익은 호박의
단맛과 붉은 쓴맛은
타오르는 한낮의 차이며

6월의 차는 정열이며
차마 어깨끈을 질끈 동여매는
수줍음의 차이다.

8월의 홍차

찻잎 위 이슬이
햇살에 숨을 고르기 전
연초록 싹이
새벽의 숨결처럼 뾰족하게 솟는다

설레는 마음 다독이며
눈과 손은 이미
한 바구니 찻잎을 따고 있다

하룻밤 숨 쉬게 두고
손끝으로 살살 굴려 발효시킨 뒤
햇살에 말려
하루 더, 여름처럼 느긋하게

한여름 꿈을 꾸듯
봄차의 상큼함은 아니어도
농익은 향과 쌉쌀함이
혀끝을 톡톡 두드리며

"나도 홍차야, 잊지 마."
향으로 눈을 열고
쌉쌀함으로 입을 깨운다

무더위 속
무료함을 잊은 듯하여
굳이 말하지 않아도
찻잔 속 여름이
나를 알아본다

홍차

가을이 깊어지면
메리골드 꽃향이
온 마당을 뒤덮을 때
진한 호박색의 차가
예쁜 찻잔에 따라
마당 이곳저곳을
거닐며 마시고 싶다

대나무 사이로
국화꽃, 백일홍 꽃들이
가을 바람에 흔들릴 때
마루에 앉아 꽃 그림이
그려진 홍차 잔에
진한 홍차를 마시러 한다

진한 메리골드 향에
약간의 어지러움을 느끼며
찻잔을 기울이자
바람이 분다

코끝이 찡하게
찬 바람이 불 때
홍차를 마시면
아득해짐을 느끼고
마음이 편안해져 온다

홍차는
자유로움이 느껴지고,
구속함이 없고,
자유로움 속에 규칙이 있다.

차의 정신

차에는 삿됨이 없으며
비움이며 절제
명상과 참선의 도구이다

예를 갖추지 않은 사람이
잘못이 아니라, 배우지
않았음을 이해해야 한다

배움이 있어야
몸에 배어 있고
예를 갖출 수 있음이다

『다경』에
차는 중정이요 지성이요 검박이며

그저 차는
조주다의 끽다거喫茶去다.

나는 지금 어디에 있는 걸까?

길을 가다가도 잠시 멈칫하고,
멍하니 들판을 바라보기도 하고,
운전을 하다가도 "지금 어디를,
무엇하러 가는 거지?"
하며, 이렇게 가는 게 맞는 일인지
나를 돌아보는 일이 자주 있다.

이렇게 살고 있는 게 맞는 건지,
지금 하는 일이 정말
내가 하고 싶은 일인지
나 자신에게 묻곤 한다.
사람들에게 어쩔 수 없이 끌려가고
있는 건 아닌지, 나만 옳다고
주장하진 않는지, 남의 말을 듣는 것보다
내가 하고 싶은 말을
더 많이 하지는 않는지…

나도 나이가 드는지, 자주 나에게
묻곤 한다. 지금 이 길이
내가 걷고자 하는 길인지.
너무 먼 길을 가게 되면
다시 돌아오기가 힘들어진다.
말도 씨앗이 있다 하니,
좋은 말, 긍정적인 말,
사는 데까지 최선을 다하며 살고
건강한 생각으로 살아가다 보면
정말 나의 길이 보이지 않을까 싶어지고,
그러다 더 나이 들겠지.

마음의 길

요즘같이 세상이
시끄럽고 뒤숭숭하니
내 마음을 살피기가
쉽지가 않다

조그마한 일에도
예민해지고, 의욕이
넘치다가도 금방 사그러지고

의욕이 불타, 그게 옳은 양
내 주장을 강하게 하고
마음을 다잡지 못할 때

곁에 누군가 내 마음을
알아채고, 상처 없이
보듬어 주며 부드러운

솜털 같은 손길로
마냥 내 편이 되어줄
그런 마음의 부처가 있을까?

조용히 한옥 마루 끝에
앉아 있다 보면,
맑은 하늘에 새가 날아다닌다.

제3부

일상의 담양, 소소한 풍경

담양 남산에서 해가 떠오를 때는

담양 남산에서는
매일 아침 찬란한 빛으로
저 아래 사람들 마음을
흔들어 놓는다

남산 옆구리 쪽에서부터
부끄러운 듯, 수줍은 소녀처럼
입술을 살포시 포개듯
붉은 얼굴을 내밀며

그렇게 많은 사람들의
시작을 알리고, 희망과
크나큰 머언 미래를
꿈꾸고, 푸른 꿈을 안으며
매일 모든 이들은 그렇게
힘차게 살아간다

영산강에서는 변함없이
물이 흐르고
대숲에서는 여전히
청량한 바람이 불어올 것이다.

천사의 섬 비금도

산속의 푸른 초목들이
안개를 내뿜으며 아침을 열어주고

바닷길을 따라 빗줄기에 아랑곳 않고
어느 한적한 마을
이세돌이 바둑을 두며 뛰어놀던
그 언저리에
해바라기가 바람에도
흔들리지 않는 마을

이 마을은 뽀빠이가 힘을 내던
시금치가 봄이면 온 마을을 뒤덮고
비금도의 소금과 해바라기 기름이
이렇게 맛스럽게 어우러져

잔잔한 바다 위에
감성 무인은 음악에 맞춰
활력을 불어넣어 주며

하얀 천을 휘날리며
천사의 섬 명사십리를
힘차게 달려간다.

비금도 명사십리

비가 내리는 비금도는
바위처럼 단단한
모래만 보인다

천사들도 날개를 접고
모래가 되었나 보다
아무것도 보이지 않는다

그곳에는
단단한 모래만 있고,
비금도만 남는다.

메타세쿼이아 가로수길

비 오는 요즘
메타세쿼이아 가로수길은
양옆에서 팔을 맞잡고
숲 그늘 아래
터널을 만든다

한때, 오래된 그날엔
이 나무들이
자취도 없이
사라질 뻔했다

내 옆지기는
많은 사람들의 뜻을 모아
가로수길을 지켜냈다

지금도 가로수길 초입
그때 서명을 받으러 다녔던
흔적은 서류 속에 남아 있다
관심 있는 이들만이 읽고
대부분 스쳐간다

담양의 명물이 되기 전
지인들의 후원으로
첫 번째 가로수 음악회를 열었고
세월은 흘렀다

지금도
비 내리는 메타세쿼이아 길은
더욱 짙은 녹빛으로
우리 앞에 펼쳐진다.

세계 대나무 박람회

하늘은 파랗고
동서남북으로
황금빛 바람이 대숲으로 몰려온다

어디서들
풀빛의 향연을 보았을까?

바람이 대나무 끝을 흔들어
여기저기 댓잎의 향기를 날려 보내며

수십만의 사람이
녹색의 물결 속으로
그들은 대숲 소리와 향기를 맡으며
스치듯, 흩어지듯
흔적을 남기며 사라져 간다

세계 속의 담양이다!
모든 나라가
담양 대숲 속에서
새로운 문화를 남기고
역사를 만들어간다.

세계 속의 담양 추월산

세계 최대 규모의 와상
추월산 산자락 위에는
부처가 누워 있다

잠시 하늘을 지붕 삼아
산봉우리를 흙 베개 삼아
여유롭게 쉬어가는 곳

부처도 쉬어가고
따사로운 햇빛이 있으며
어머니의 젖줄인
영산강이 흐르고

차 한 잔 할 수 있는
대나무과 죽로차가 있으니
담양은 길이길이 쉬어가며
여유를 갖고 머물고

세계 속으로 뻗어 나가는
늘 푸른 대숲 속의 담양!
변함없이, 영원하리라.

소쇄원의 대봉대

초원의 대숲은 푸르고
코끝을 스치는 상쾌한 바람

한낮의 태양은 긴 담장 사이로
그림자를 드리우며
대봉대 처마 끝에 머문다

그 옛날, 봉황이 먹었다던
대숲 속 그 열매는 보이지 않고
오동나무 나뭇가지는
다 부러져 버린 걸까?

대봉대 마루 끝에
기다리던 그 주인은
어디로 가 있는 건지……

봉황은 앉을 곳이 없고,
손님을 기다리는 주인은
보이지 않으니
봄이 오기를 기다릴 수밖에

대숲에서는 새가 지저귀고
대봉대 오동나무에
새순이 나와
튼튼한 가지가 생기면

새로운 주인이
대봉대 마룻끝에서 기다리며,
봉황이 오동나무에 앉아
날개짓하는 소리를
들을 수 있지 않을까!

소쇄원瀟灑園의 가을

구름이 걷힌 초입
봉우리 위 갈색 나뭇잎들이
댓바람에 실려
대봉대 초가지붕에 수북이 내려앉는다

물소리, 바람소리
햇빛이 흐르는 소쇄원
그 옛날, 벽오동에 봉황이
날아와 울면
새로운 시대가 열린다 했지

어젯밤, 마룻끝에 앉았던 님은
누구였을까

날갯짓 소리만 남기고
스치듯 사라졌을까

보름달 걸린 소나무 아래
배롱나무 가지에
살짝 앉았다 가셨으리

실낱 같은 햇빛
바람, 낙엽
오곡의 물소리

아사녀는
찻잔에 찻꽃을 띄우듯
하얀 모시옷을 입고
아사달을 기다린다.

불두화

봄이 한창일 때
연초록 사이로 몽실몽실
반그늘 아래 라임빛을 보이던 너는
수줍은 듯 하얀 얼굴로
피어오른다

살며시 다가가
꽃잎을 만지면
포슬포슬 부서져
손끝에
쏟아진다.

제행무상

사물은
끊임없이 변하고,
영원한 것은 없다는 것
가르쳐주는 순간.

향기는 없지만,
모든 이에게
베풂과 감사를 전하는 꽃
불두화.

신의 보호와
도움이 필요할 때,
그 마음을 담아
핀다.

메리골드 꽃

행복을 꿈꾸는
금빛 나래가
마당 가득히 색색의
모습으로 계절마다

그 자리에 그대로 피어납니다

행복이라는 이름으로
언제나 그랬듯이.

다알리아 꽃

붉은 태양이
녹색의 푸르름을
갈색으로 태우며
지열이 발 디디기도 힘들어질 때

어느 날 장대 같은 비가
연일 계속되니

붉은 꽃을 피우기 시작한 너는
점점 잎이 녹아내리고
줄기가 꺾이더니
언제 그랬는지
형체도 없이 사라져버리더구나

다알리아,
그 우아함은 어디 가고
감사함을 느끼기도 전
너는 사라져버리는구나

행여나 햇빛이 비치는 오후에
그 흔적을 찾아도
정말 며칠을 기다려 보아도
붉은 태양 같은 우아함은
영영 보지를 못하는구나.

단술

어릴 적, 이맘때면
쉰 밥을 엿기름에 버무려
달달하고 풀죽 같은 단술을
양판 긁어가며 먹었다

그 여름은 참 많이도 더웠지만
모깃불 피우고
어머니, 아버지, 오빠, 동생
모두 모여
단술을 먹던 시절이
그립다

꿈 많고 순수했던 소녀는
반평생을 훌쩍 넘겨
'할머니' 소리를 들어도
어색하지 않고,
스스로 말해도 괜찮은
젊은 할머니가 되었다

단술을 먹으니
부모님이 그리워지는 건
삶이
더 깊어졌다는 뜻일까.

빈 들판을 바라보며

해질녘 들판
산 능선을 바라보면
푸른 풀만 무성한 들판

그 옛날
농민들 피땀으로
놀리는 땅 없이
곡식이 알알이 맺혔던 곳

지나가던 엄니
한숨 섞인 미소로
"여기저기 옥토였는디…"
회상하신다

이제는
억새와 이름 모를 풀꽃들만
들판을 채운다.

담쟁이

보이고 싶지 않은 것
들키고 싶지 않은
그들의 비밀스런 보석
담자락 아래, 뿌리 깊은 곳

그냥 그렇게
쭉 뻗어 올라가서
푸른 비단으로
모두 덮어버리고 싶은데…

그런데 자꾸만
사람들은
궁금해하고
들춰보러 한다

푸른 비단이
담자락을 다 덮어버리고
아무것도 보이지 않자
그제서야 사람들은
뒤돌아가고

그제서야
검은 진주알들이
푸른 비단을 잡고
줄타기를 한다.

일 년에 한 번 만나 실화 상봉수

꽃과 열매,
실화 상봉수
다섯 개의 꽃잎은
오미를 담고 있다

너무 힘들게도
너무 티내지도
너무 복잡하게도
너무 편하게도
너무 어렵게도
살지 말라는
인생을 비유하는 나무

가을엔 씨앗이 익고
꽃도 다시 핀다
실화 상봉수

지조와 정절의 삶을
말하기도 하며
세상을 바꾸는
영롱한 운화를 꿈꾼다.

10월의 마지막 밤

가을이 오면
바람은 살며시 다가와
귓가에 속삭인다

나무들이 색동옷을 차려입고
먼 여행을 떠난다며
너도 함께 가자고

바람은
내 옷깃을 붙잡고
오색 나뭇잎 사이로
나를 밀어 넣는다

오색찬란한
바람의 향연
이쯤에서
가을이다.

제4부

사람, 사랑, 그리고 기억

민들레

대숲 마당 한적한 곳
앉은뱅이 소녀가
수줍은 듯
노오란 저고리를 입고 있다

댓바람 부는 날
가슴이 시리고 외로워
저고리를 여민다

비가 몰아치는 날에는
옷이 다 젖어 찢어져도
그 자리에서
꿈쩍도 하지 않는다

어느 따사로운 날
솜털이 살랑이며
바람 없는 하늘을 바라본다

노오란 저고리를 벗고
은빛 부케를 머리에 얹고
실타래 같은 숨결을 날리며

소슬한 바람 부는 날
달과 별이 있는 곳으로
소녀는 시집을 가버렸다

계절이 바뀌고
바람 부는 날
마당 한쪽을 보니
노오란 저고리
그곳에 있다.

울 엄마

우리 엄마는 지금 요양원에 계신다. 벌써 7년, 8년이 되었을까. 모신 지 얼마 안 된 것 같은데, 어느새 남의 손에 의지하며 살아오셨다.

파킨슨병. 엄마는 남들보다 조금 이르게 요양원 생활을 시작하셨다. 손주들도 다 키우셨고, 이제야 예쁜 옷도 입고 친구들과 수다 떨며 자신만의 시간을 보내셔야 할 나이인데. 엄마는 자식 눈치를 보며 다리를 제대로 쓸 수 없다는 이유로 요양원에 가시길 망설이셨다. 하지만 큰딸인 나는 그 누구보다도 먼저 엄마를 요양원에 모셨다.

그땐 잘한 선택이라 믿었다. 엄마도 만족하신 듯했지만, 지금은 자주 후회한다. 그냥 조금만 더 집에 계시게 할걸. 같이 여행도 다니고, 마음을 정리할 시간이라도 드릴 걸.

8년이 다 되어가는 지금, 자식들은 가까이 있어도 바쁘다는 핑계로 엄마를 자주 찾지 못한다. 어쩌다 한 번 가도 그저 후다닥 다녀온다.

며칠 전 엄마를 뵈었다. 파킨슨병은 엄마를 조용

히, 깊게 앗아갔다.

초점 없는 눈. 의욕도, 말도 사라진 얼굴."왔냐", "밥 먹었냐" 그런 소소한 인사조차 이젠 들리지 않는다.

어깨부터 발까지 엄마의 몸을 조심스레 주물러도 "좋다", "싫다"

어떤 말도 없다. "엄마, 나 이제 갈게요." 예전엔 "좀 더 있다 가라." "다음엔 언제 오냐" 하시던 분이, 그 말도 하지 않으신다.

그래도 나는 그런 엄마를 보고 싶다. 마음이 아파도, 돌아서면 또 일상에 지치고, 잊고 살 것 같다.

엄마에게 "사랑한다"는 말을 한 번도 제대로 못 했다.

엄마, 사랑해요. 내가 자주 못 가도 보고 싶어요.

세상일이 힘들 때 찾아갈 수 있게, 조금만 더 오래오래 살아주세요.

좀 더 자주, 찾아뵐게요.

희망이

우리 집 강아지 이름은 '희망'이다. 지난번 강아지 이름은 '행복'이었는데, 작년 여름에 집을 나간 건지, 누가 데려간 건지 알 수 없었다. 그 후로 한동안 강아지를 키우지 않았는데, 조카가 하얀 고양이를 키워보라고 해서 잠시 고양이를 키우게 되었다.

생각보다 손 갈 데도 없고, 애교도 많고, 정이 들어서 고양이에게 마음을 주게 되었다. 그러던 어느 날, 시장에서 남편이 강아지를 사왔다. 그 강아지가 바로 '희망'이다.

그런데 나는 이미 고양이에게 정이 들어 있었고, 희망이에게는 마음을 주지 못했다. 암컷인지 수컷인지도 정확히 몰라서, 여태껏 숫놈인 줄 알고 개들이 와도 신경을 쓰지 않았다.

그런데 오늘, 우리는 놀라운 사실을 알게 되었다. 희망이가 새끼를 네 마리나 낳은 것이다. 믿기지 않아 밤에 자동차 쌍라이트를 켜고 유심히 희망이의 젖을 살펴보니, 부풀어 있었다. 새끼들은 분명히 희망이가 낳은 것이었다.

하마터면 "수캐가 새끼를 낳았다"는 이야기로 『세상에 이런 일이』에 나갈 뻔했다. 그래도 다행이다. 암컷이라 희망이가 새끼들을 잘 돌볼 테니까. 새끼가 네 마리나 되니, 이제 분양 준비를 해야 할 것 같다.

그리운 딸에게

어느덧 몇 해가 흘렀다.
꽃은 피고 지고
봄은 겨울로 이어지는데

너 없는 시간은
여전히 멈춰 있다

노오란 민들레는 홀씨 되어
어디론가 흩날리고
장미는 새색시 치마처럼
붉게 피어났지만
가을은
스산하게 다가온다

겨울을 버티는 나무는
마지막 파티를 열 듯
화려한 옷을 갈아입고
저마다의 색을 내지만

너의 계절은
아직도
겨울에 머물러 있다

별이 되어
먼 길 떠난 너

나는
달처럼 조용히
너를 따라
빛나고 싶다.

추억

햇볕이 따사로운 오후
마당 한켠 마른 낙엽
바람이 불자
벽돌 안쪽에 안착한다.

어느 날부터인가
바람이 불면
마당 한쪽을 쳐다보는
버릇이 생겼다.

겨울이 시작되는
문턱에서 나는
항창 처마 끝 마루에서
내 곁을 떠나버린
작고 여린 그 아이를
생각하게 되며
마른 낙엽을 보게 된다

바람이 불고
마른 낙엽이 다 떨어질 때까지
난 매일 그렇게
마당 한곳을 보겠지

다시 그 아이가
내 곁에 온다 해도
잡을 수 있을까?

지나간 단풍

단풍이 오네요
어젯밤 꿈속에
그 아이가 옆에 있어

사랑한다 말하며
꼭 껴안아 주었어요

내년에도 또 오라며
펑펑 울었네요
안 가면 안 되나요?

인연

처음에는 이렇게 깊어질 줄
정말 몰랐기에
스스럼이 없었고
웃음이 저절로
잇몸 사이로 삐져나왔다

어느 정도는 거리도 두고
술 한잔 마셔도
거리낌이 없었는데
이제는
몸짓 하나하나가 거슬린다

누군가
좀 더 마음 안으로 들면
모든 게 어려워진다
진중함으로 밀어내고

또 다른 나로 거듭나야
깊어진 나락에서
빠져나올 수 있으리라

그래야 비로소
웃을 수 있음을…
진정, 그리해야
자유로워질 것이다.

아름다운 여인

길가에 은행잎,
노랗게 황금빛으로 빛나고
가로수 메타세쿼이아 잎들도
갈색으로 물들어
바람이 조금만 스쳐도
나뭇잎들이 길가에 춤을 추는 계절이다

지나가는 여인의 배가
낙엽 사이로 불룩하게 보이는 걸 보니
산달이 가까워지는 듯하다
여미는 옷깃 사이로
새하얀 얼굴빛이 행복해 보인다

낙엽 밟으며 가는 여인의 뒷모습에
나뭇잎 날리고,
긴 머리를 쓰다듬으며
가는 모습에 햇빛이 비치니

정말 아름다운 여인이다
가을이다!

나도 그랬을 때가 있었는데.
나이가 드는가 보다
그런 여인을 볼 때마다

언제부터인지…
봄이 기다려진다
가을이 가기도 전에.

지리산 여 스님

산을 내려온 스님
스님이 어느 날, 산을 내려오셨다
세속 구경을 하시러 오신 것이다
이른 아침에는 온갖 새가 지저귀고
자연 속에 계시다가
그 새소리를 뒤로하시고
세속에 쉬러 오셨다
"스님은 산속에만 계셔야 되나요?"
스님께서 내게 물으신다

사람들은 개인사가 복잡하고
쉬고 싶을 때면 산속의 스님을 찾아간다
안 계시면, 왜 산에 안 계시냐고 타박한다
스님은 산에서 내려오셔서
세속의 내게 많은 이야기를 하시려 한다
하지만 사람들은 산속에서는
스님의 말씀을 듣기보다
자신들의 이야기만 한다

산속의 스님 삶을
들으려 하지 않는다고 하신다

산에서 사는 새소리와
산 아래 새소리는
다르게 지저귈까요?
스님, 그러나요?
조주선사의 '끽다거' 화두가 떠오른다
차 한 잔의 여유가
그리워지는 날이다.

외사랑

말없이 너를 바라본 지
십여 년
누구에게도 말 못한 마음을
너에게만 털어놓고
그러다 웃고

그저 너는
나의 사람이려니 했지
비가 폭포처럼 쏟아지던 날엔
네가 있어서
우산이 필요 없었고

눈이 소복이 쌓여
발이 푹푹 빠지던 날에도
세상이 아름다워 보였어

어느 봄
노오란 민들레가 지천에 피고
실타래 같은 하얀 망사옷이 되자마자
너는 바람을 타고
훨훨 날아가 버렸지……

여름날, 뜨거운 햇살에
실내 공기가 훈증처럼 퍼지고
속옷은 축축해지고
어디선가 쨍한 바람이
얼굴을 스치듯 지나갈 때

노오란 꽃잎들이
조용히 흔들린다

소리 없이
너는 다시 오는구나.

인생은 미풍

썰물로 밀려갔다가
밀물처럼 다가오듯이
처음은 그랬다
중반으로 흐르면
파도가 거세게
산을 이루듯 하다가

어느 순간 잔잔하게
순풍에 돛 단 듯이
흐르게 되나 싶다가도
파도는 거세게 요동치는
반복의 시간을 거스른다

잔잔한 고요 속에
미풍처럼 흐르는 듯
인생을 그렇듯
살고 지다
다 펼치지도
않을 걸 알면서도

홀가분하게 마지막을
미풍처럼 사는 것을
꿈꾸는 게 아닐까.

삶의 지평선

나 또한 바이런처럼
세상을 사랑하지도 않았다
그렇다고 미워하지도 않는다
그런데 세상 속의
무리들이 미워지려 한다

바쁘게 살면서
내 안의 슬픔과
그 무엇과도 바꿀 수 없었던
변함없는 나의 뜨거웠던 사랑도
세상 속의 무리들처럼
슬픔과 처절한 고통이다

삶의 치열한 전쟁 속에서
그 무리들 속에서 허우적거리고
싶지 않다
그렇다고 뒤돌아보면
그게 아닌 줄 알고,
또한 절대 그러고 싶지 않지만
살기 위해서는
어쩔 때는 나의 곧음을
꺾기도 한다는 것을 안다

삶이 치욕스럽지만
그래도 난 그 무리들 속에서
살고 싶어서가 아니라
그냥 사니까 산다
하늘을 보며 웃을 수 있으니까……

희망을 꿈꾸는 여인

인생은 60부터라고
사람들은 말한다
그래서인지 나는
아직도 많은 꿈을 꾼다

큰 도시에 나가
많은 사람 앞에서
지금까지 이루어 놓은
모든 것을 이야기하고 싶다

차에 대한 이야기
요리에 대해서도
나만의 특별함으로
많은 이들에게 말하고 싶다

그래! 그동안
잘 살아왔다고…
자신 있게
누구에게도 말할 수 있다

잘 살아온 나를
이제 알을 깨고
나오는 병아리처럼
온 세상에 내보이며
더 큰 사람으로
나아가고자 한다.

관계

얽히고설킨 인연 속에서
사람들과 얽히고설킨
인연에서 참 많은
군상들을 보며,
그러지 말아야지 하며
자존감을 높이려
참 많이도 나를
옭아매어 힘들게 살아왔다

자존심을 내세우며
왜 그렇게 버티며
대나무처럼 뻣뻣하게
살았는지
부드러운 버들가지처럼
살아보리라 하면서도
인간관계가 나에게는
정말 어렵고, 힘이 든다

상처받고 상처를 주며
사는 게 인생인지,
요즘 같은 세상은
나에게는 돌아오지 않는
먼 미래, 피안의 세상일까?

제5부

끝에서 피어나는 위로

백련꽃

새로운 세상, 아침에는
남들이 눈을 뜨기 전에
뽀얀 속살 드러내며

은빛 구슬 빛을 내어
옥색 드리운 너른
저 너머 어딘가에

그 어떤 것에도 뒤지지 않는
천년의 향이
천리만리를 가도
그침이 없으리라!

억만 겁 쌓인 내 업도
진흙탕 속에 묻혀
새로운 세상
새로이 태어나

모든 이에게 이로움으로
향기로, 옥색으로
다 품어 주리라.

5월의 끝에서 머물다

햇볕이 따사로운 5월의 어느 날
새하얀 쌀밥에 고소한 참기름
짭짤한 소금과 김가루
넓은 양판에 하얀 쌀밥을 부어놓고
하얀 장갑 끼고 버무려 주니
금방 고슬고슬한 주먹밥이 되었다

조금 있으니 넓은 주차장에는
그날을 기억하며 그들을 위로하고자
많은 참배객들이 줄지어 온다

작은 정성이지만 우리는 그날의
뜻을 되새기며 열심히 주먹밥을
사람들에게 나누어 주니

가슴속에 무언가 울컥거리며
그날의 함성과 울분을 느끼며
같이 하지는 않았지만

담양의 희생자들을 위해
다시 한 번 마음 깊숙이 기도드리며,
그들의 못다한 한들을 조금이나마
풀어지시기를 간절히, 간절히
주먹밥을 나누어 드리며 위로 드립니다.

_ 담양의 5·18 희생자들을 기억하는 걷기 대회 중에서

천사의 깃털 하나

슬픔과 기쁨,
행복을 함께 누리며
살던 어느 날

천사는 깃털 하나 남기고
우리 곁을 떠났습니다

터질 것 같은 가슴으로
깃털 하나 붙잡고
발버둥을 쳐봅니다

그래도
천사는 아무런 말이 없습니다
아무런 답도 없습니다
그저 우리에게 그리움으로만
남아 있기를 원하는가 봅니다.

흐르는 세월처럼
무심한 하늘만 바라보다가
세상에 파묻혀서
천사를 잊은 듯이 살아갑니다

그러다 우리는 또다시
그리움이 저 끝까지 치닫게 되면
깃털 하나 붙잡고 울부짖습니다

그리움만 가슴에 파묻고
그렇게 살아갑니다

추억을 되새김질하며
그렇게 살아갑니다
깃털 하나 붙잡고…

어머니 소천하신 날에

매화꽃잎이 화사하게 피어나는 날
엄마는 곱게 화장하고
노란 나비 되어 날아가셨습니다

나무 둥치처럼 이리 뒹굴, 저리 뒹굴
흐트러짐이 없습니다

눈 감고, 코 막고, 귀 막고, 입 막고
이제는 세속 일을 관여하지 않으시려
하얀 천으로 하늘을 가리고

그렇게 원하시던 그분의 품속으로
미련도 없이, 아픔도 없이
훌훌 털어버리시듯
가볍게 그렇게 가셨습니다

이제는 얼굴도 볼 수 없고
"엄마! 엄마!" 불러도

미동도 없으시고,
눈도 뜨지 않으시고
허공에 메아리 되어

허공 속에서 가슴속에 꽂힙니다

"사랑한다"라고
미처 말도 못 해드렸는데
연옥 속의 화염 속으로 가셨습니다

이제는 아무 데도 아프지 마시고
가고 싶은 데 마음대로 다니시고
새처럼 가볍게
우리 집 앞마당 매화나무 가지 위에
언제든 오시기를 기다리겠습니다.

비금도 어머니 마음

비금도 어머니는
뭍에 있는 자식들에게
생일날도, 명절 때도
오지 말라 하신다

바람 불고 싸릿문이 흔들리면
어머니는
"아가! 이제 오냐?"
하며 방문을 열어보며
반갑게 맞이하시지만,

바람소리에
싸릿문 부딪치는 소리만
요란할 뿐이다.

이별의 향연

산수유
흩어지고

매화
흩날리고

목련은
툭! 툭 툭
땅에 부딪치고

붉은 동백
속절없이
후두둑 떨어진다.

그리움

알 수 없는 새소리에 눈을 뜨고
창문을 열고 상쾌한 아침 공기를 마시며
먼 산의 대숲을 보아도

미동도 없이 침대에 누워 멍때려도
아침에 달걀 하나, 고구마 두 개
먹을 때도

빨래를 빨아서 건조대에 널 때도,
마당에 풀을 뽑다가 민들레를
죄다 뽑아버려도

내 마음속 어딘가 채워지지 않은
그 모든 내 모습은 오직 하나다
끝도 없이, 보이지 않는 그리움!

봄! 봄! 봄!

마을은 온통 초록빛이다
대나무, 차나무, 풀
모든 나무들이 푸른 숨을 쉰다

숲에 들어가 찻잎을 따면
나도 초록의 나무가 되어
혈관마다 초록이 흐른다

똑, 똑, 똑
작은 잎이
긴 겨울의 숨을 덜어내며
봄의 기운을 머금는다

산의 기운은 찻잎에 스며들고,
그 향기는
사람들의 머릿속을 가득 채워
초록으로 핀다

찻잎은 봄을
말하지 않아도
많은 이의 마음을 봄빛으로 채운다

봄은,
그렇게 봄이 된다.

산다는 것은

아침, 눈을 뜨고
무심히 침대에서 일어나
물 한 모금을 마시고
화장실로 걸음을 옮긴다
세수를 하고
낯선 얼굴에 화장품을 바르고
휴대전화로 하루를 연다

내 숨소리를 들은 지
얼마나 되었을까
바쁘게 살다 보니
내 얼굴도 낯설고
남의 얼굴도 오래 못 본 것 같다

두 달 동안
같은 옷을 번갈아 입다 보니
계절이 바뀌는 줄도 모르고

검은 머리카락 사이로
흰 별 하나가 스쳐가도
나는
여전히
산다는 걸 모르겠다.

민들레 2

따스한 오후, 처마 아래서
그는 말했다
받아들일 수 있는 것은
오직 하나라고.
그런데 자꾸만 또 다른 나는
밀쳐내고, 믿으려 하지 않는다
어느 햇빛 따사로운 날
긴 가닥의 하얀 실타래를
풀어버리고
나풀나풀 날아
이곳저곳에 똑같은 환영을
심어놓는다.

| 해설 |

대숲에서 건져 올린 향기 나는 시

정혜진 | 전남여류문학회장

대숲과 차 사랑에 물들다

우리는 흔히 「삶이 문학이고 문학이 삶」이라는 말을 자주 한다. 이 말은 살아가는 일상 그 자체가 문학이라는 의미를 내포하고 있다. 이에 덧붙여 「글과 가까이한다는 건 삶을 풍요롭고 향기 나게 하는 일」이라는 표현도 사용한다. 그만큼 우리가 살아가는 하루하루는 반복 아닌 새로움의 연속이며, 살아가면서 부딪히는 어떤 일이나 사건과도 연관되어 있음을 인지하게 만든다. 김가혜 시인의 작품을 읽으면서 담양-대숲-일상이라는 삼각관계를 자연스럽게 받아들이게 된다. 그는 「대숲은 제 삶의 터전이자 스승이며, 이 시집은 그 속에서 길어 올린 시간과 마음의 결입니다.」

이렇게 말한다. 그의 내면에는 담양의 대숲이 뿌리 깊게 자리 잡고 있음을 읽을 수 있다. 그는 서정적 표현에 무게를 두고 생활의 편린들을 모아 가슴에 드리워진 감성 그대로를 표현한다. 이런 맥락에서 시집의 표제를 『대숲에 내리는 시』라고 정한 것은 당연한 것 같다. 첫 시집 출간을 축하하며, 10여 년 만에 들려준 작품집 발간 소식은 반갑고도 기쁜 일이다.

김가혜 시인과 내가 인연을 맺은 것은 2016년 전남여류문학회 가족이 되면서부터다. 맑고 단아한 첫인상과 차에 대한 이야기를 스스럼없이 자신 있게 말하는 모습을 보고 차문화 회장으로 활동한 경력이 몸에 익은 결과라는 것을 짐작했다. 여러 곳에 발표한 작품 또한 차에 대한 사랑이 주를 이루고 있었다.

김가혜 시인은 2015년 문학춘추에 시로 등단하여 담양문인협회, 전남여류문학회, 전남문인협회 회원으로 활동하고 있다. 그는 담양읍 삼다리에 살면서 차와 관련된 명가혜 제다원, 죽로차, 대용차 전문가로 바쁜 일상을 보내고 있으며, 한국 차문화협회 담양지회장과 3급사범교육관의 역할을 하고 있다.

김가혜 시인은 문학 활동을 하기 전부터 차에 대한 관심과 연구가 남다른 사람이다. 20여 년간 차를 다루는 다인茶人으로 찻일을 해 왔고 담양 전통찻집, 담양 한옥 카페, 자연 속의 민박 펜션을 운영하고 있다.

다도체험과 실내전통찻집, 명가혜 제다원 등 차의 명가로 이름이 나 있는 사람이다. 섬세하고 끈기 있는 성품을 지닌 그는 죽로차를 전통 수제방식으로 만들어 특허받은 죽신황금차와 대용차를 전문으로 개발하였고 전통차를 알리는 역할을 하고 있다. 그가 살고 있는 대숲 속 보금자리는 「세계중요농업유산 대나무밭 핵심마을」의 명소이자 「민박 펜션 감성 여행 남도 풍류차와 판소리 체험」 장소로 활용되고 있다. 이렇게 되기까지는 판소리와 감성무의 예인인 남편 영향도 크게 도움을 주고 있다. 김가혜 시인은 담양의 대숲에 빠져든 다인茶人이자 문학으로 꽃을 피운 시인으로 차 사랑에 짙게 물들어 있다.

사계절의 대숲 향기에 젖어 들다

김가혜 시인은 시의 복합적 기억 감정을 대숲이라는 풍경 안에 버무려 차와 시라는 두 가지 사유를 동시에 표출하는 특징을 갖고 있다. 대숲이 갖는 향기를 내적 필요에 따라 시라는 언어로 명료화하고 삶의 무게까지 얹어놓는다. 그는 「대숲은 시 세계의 뿌리이며 생활과 노동의 결」이라고 말한다. 그만큼 생활과 노동은 일정한 간격의 켜를 이루면서 짜임과 무늬로 시라는 향기를 품어 시각적 감성에 와 닿는다. 그가 보여주고자 하는 시는 일상에서 건져 올린 현상과 독백과 상념을 직시하며 언어와 리듬을 불러 시공에 맞물림 하여 독자들의 눈과 귀와 가슴을 물들여 점유한다. 그러함에 대숲의 사계절 향기는 친근하고 풋풋하다. 「세월과 함께 여유롭고 행복한 삶을 이어가는 모습처럼 아름다운 건 없을 것」이라고 말한 그의 긍정적인 자연 세계를 대숲과 연결 지은 다음 시를 봄을 눈여겨보자.

> 마을은 온통 초록빛이다.
> 대나무, 차나무, 풀
> 모든 나무들이 푸른 숨을 쉰다.
>
> 숲에 들어가 찻잎을 따면
> 나도 초록의 나무가 되어
> 혈관마다 초록이 흐른다.
>
> 똑, 똑, 똑
> 작은 잎이
> 긴 겨울의 숨을 덜어내며
> 봄의 기운을 머금는다.
>
> 산의 기운은 찻잎에 스며들고,

그 향기는

사람들의 머릿속을 가득 채워

초록으로 핀다.

찻잎은 봄을

말하지 않아도

많은 이의 마음을 봄빛으로 채운다.

봄은,

그렇게 봄이 된다.

_「봄! 봄! 봄!」의 전문

봄은 생동의 계절이며 초록의 흐름이다. 봄을 환호하며 희망을 찾아 마음 세계를 펼치고 싶은 의욕이 넘쳐 보인다. 한정된 누구랄 것도 없이 지칭하는 대상은 지구에 소속되어 있는 자연의 생명체 모두이며 무한하다. 움츠렸던 초록이들이 푸른 숨을 쉬고 기지개를 켜는 순간 봄은 벌써 우리 곁에 와 있다. 지구를 깨우고 대지를 따스함으로 채우며 손짓 발짓 바람 손님까지 움직이게 한다. 대나무 차나무 풀까지 긴 겨울의 차가운 숨을 덜어내고 찻잎에 스며든 산의 기운은 그 향기를 초록으로 피운다는 표현이 반가움과 기쁨을 드러내고 있어서 매우 희망적이다. 「찻잎은 봄을/ 말하지 않아도/ 많은 이의 마음을 봄빛으로 채운다.」는 표현은 김가혜 시인의 마음처럼 모두가 환호하는 봄이 따스한 온기로 다가와 안기길 원하는 기대감이 담겨 있다.

> 겨울의 대나무는 푸르름 속에/ 움직임이 없으며/ 바람이 불어도 가지만/ 살짝 흔들릴 뿐이다// 햇빛이 비치는 오후에는/ 모든 가지들은 쭉쭉 늘어지며/ 대숲의 아지랑이는 뿌리에서/ 스멀스멀 올라온다// 봄은 그때부터다/ 대숲의 어둠 속에서/ 휘파람새는 밤새 휘익!휘익! 불어대고/ 아침은 그렇게 밝아 오며// 대 잎의 푸릇한 향기로움과/ 따사로움이 바람과 함께 봄이 온다.//
>
> _ 「담양의 봄은 대숲에서 온다」 전문

또 다른 봄을 노래한 시는 그가 살고 있는 대숲의 대나무에 대한 좋은 점을 여러 갈래로 내보이고 있다. 그만큼 아끼고 사랑하는 마음이 마음 깊이 깔려 보인다. 시는 지극히 주관적이면서도 자연과 사물과 감성에 기반한다. 자유로운 언어와 느낌을 가감 없이 나타낸 시인의 마음이 드러나 보인다.

어떤 규범이나 형식에 얽매이지 않고 있는 그대로 일상의 흐름처럼 시어를 구사하는 시선이 돋보인다.

겨울 추위나 어지러운 생태 현상에도 꿋꿋한 의지력과 흔들림 없는 대나무의 속성을 염두에 두고, 그러나 아지랑이와 휘파람새의 경쾌한 리듬으로 아침이 밝아오며 대숲의 따사로움이 담양의 봄을 불러온다는 희망에 공감하게 된다. 담양을 예찬하는 시는 계속 이어진다.

>담양 남산에서는
>매일 아침 찬란한 빛으로
>저 아래 사람들 마음을
>흔들어 놓는다
>
>남산 옆구리 쪽에서부터
>부끄러운 듯 수줍은 소녀처럼
>입술을 살포시 포개듯
>붉은 얼굴을 내밀며
>
>그렇게 많은 사람들의
>시작을 알리고 희망과
>크나큰 머언 미래를
>꿈꾸고 푸른 꿈을 안으며
>매일 모든 이들은 그렇게
>힘차게 살아간다

영산강에서는 변함 없이

물이 흐르고

대숲에서는 여전히 청량한

바람이 불어올 것이다.

_「담양 남산에서 해가 떠오를 때는」 전문

  위의 시 「담양 남산에서 해가 떠오를 때는」을 읽어보면 담양은 김가혜 시인에게 시적 공간이며 토속성을 지닌 믿음의 안식원이다. 우주적 에너지를 마음껏 얻어낼 수 있는 사유의 보고이며 서정의 본원이다. 스스로 살아 있다는 존재감을 시공 안에서 마음껏 형유할 보금자리이기도 하다. 대숲이 있고 걸어 올라갈 산이 있고 필요한 갖가지 재원을 얻어낼 장소다. 삶의 뿌리를 내리고 행복을 축적하며 즐겁게 일하는 소중한 자리, 여기는 담양을 지극히 사랑하는 이유라 하겠다. 그의 담양 사랑을 눈여겨보면 더불어 즐겁고 편안하고 희망찬 느낌을 부여받는 곳임을 알 수 있다.

  담양 남산에서 떠오른 해는 시인뿐만 아니라 담양인에게 찬란한 빛이며 활력이다. 아침을 여는 사람들 마음을 기대에 차게 하며 설래임으로 채워 새로움에 도전하도록 흔들어 놓는다. 그러고 보면 김가혜 시인은 매사를 개인이 아닌 공동체의 구성원 안에 자신을 담아놓고 함께 하는 가운데 행복을 추구하는 이타적 생활에 익숙해 있다. 그의 눈에는 자신을 비롯하여 붉은 얼굴을 내밀며 떠오른 해를 환호하는 사람들이 하루를 시작하면서 희망과 푸른 꿈을 꾸게 되는 경이로움이 활력으로 비추어진다. 고을 사람들이 힘차게 살아가도록 긍정적 감정을 주입하여 꿈꾸듯 다가서는 아침이 얼마나 커다란 에너지를 발산하고 있는지 짐작된다. 대숲에서는 여전히 청량한 바람이 불어오면서 모두에게 삶을 노래하게 만들고 힘든 현실을 이겨내게 하는 공동의 기쁨을 기대하게 한다. 담양 남산의 해는 영원히 이어져야 할 소망이며 약속이기를 그는 마음 깊이 원하고 있다.

> 대숲 속에서 청명차를
> 따는 날에는 훌딱 벗고 새가 울고
> 우전차를 딸 때는 휘파람새
> 곡우차를 따며 세작으로 넘어갈 때는
> **소쩍새가 산 넘어 소쩍소쩍**
>
> 세작을 지나 중작으로 넘어갈 때는
> **뻐꾸기가 뻐국! 뻐~ 뻐꾹!**
> 뻐꾸기가 울면 가뭄이 온다고
> 동네 어머니가 말씀하신다.

매실이 왕구슬 같이 동글동글

해지면 딱따구리가 나무속을

두드리며 딱딱! 작은 소고 소리가

대숲 속을 타악기 연주하듯 딱딱거린다.

시절 따라 새소리가 달라지다 보면

어느덧 봄은 연초록에서 녹색으로

변해가고 대숲 속 어스름 저녁나절

까치 떼들이 시끄럽게 먹이를 찾아

헤매며 영역을 차지하기 위해

무리를 이루며 대숲 속으로 안착한다.

_「4월에서 5월」 전문

 봄은 차향을 가장 귀한 보물로 오래오래 유지하도록 출발점이 되게 하며 그 여운이 일 년 동안 내내 이어지기를 바라기도 한다. 그는 새소리를 시작으로 자명종 리듬을 깨어남에 맞춰 이른 새벽과 봄의 문을 연다. 자명종 리듬은 각각의 다름을 품었다가 합성하면서 윙스팬에 담아낸다. 휘파람새의 맴몸 울음, 소쩍새의 소쩍소쩍, 뻐꾸기의 뻐국! 뻐~ 뻐꾹!, 딱따구리의 딱딱소리, 까치의 시끄러운 소리까지 차의 종류에 따라 타악기를 연주하듯 들려준 음표를 희망의 봄으로 반겨 맞이한다. 청명차, 우전차, 곡우차, 세작과 중작을 따면서 봄이 연초록에서 녹색으로 변해가는 대숲 속 어스름 저녁나절을 함께 하며 시간의 곡예에 순응한다.

김가혜 시인의 또 다른 시 「5월의 대숲」에서도 죽로차의 짙은 청향이 몸에 베인 대나무 여인이 되어감을 상징적으로 드러낸다.

시인은 대숲을 동질적 대상화로 삼아 일체감으로 받아들임으로써 체험 안에 담아 공유하듯 드러낸다. 이런 작품은 계절의 변화에 따라 현재형으로 이어짐을 나타낸 「여름날의 대숲」에서도 읽을 수 있다.

> 눅눅하고 숨 쉴 틈 없이 꽉 들어찬/ 녹색의 푸른 잎들이 넘실거리는 대숲/ 이때 쯤이면 속을 비우기 위해/ 펑펑 소리 지르며 터질 건데/ 웬일인지 무섭도록 조용한 대숲// 이제는 해가 쨍쨍거려도 잘 버티고/ 매년 대나무를 솎아내던 주인은/ 나이 들어 대나무를 베어내기도/ 자신의 몸 하나도 건사하기 힘이 드니/ 이제 집 앞의 대숲은/ 숨 쉴 틈 없는 꽉 찬 대나무 숲이/될 것 같다.// 여백이 없어 바람이 잘 안 통하고/ 비둘기, 까치, 이름 모를 새들이/ 내 소중한 차에 오물을 묻히니/ 짜증이 나지만 그래도/ 난 이곳이 좋다./ 야생의 오지 같은 청량함이 있어/ 녹색의 푸르름이 좋다.//
>
> _ 「여름날의 대숲」 전문

김가혜 시인은 오랜 세월 대숲과 마주하며 살아가는 동안 자신도 모르게 동질감에 빠져들어 현실적으로 일체가 되어 있음을 느낄 수 있다. 하루를 시작하고 하루를 마무리하는 모두가 대숲의 시계에 맞춰 움직이고 있는 것이다. 녹색의 푸른 잎들이 넘실거리는 대숲에서 속을 비우기 위해 펑펑 터진 소리까지 놓치지 않고 듣는 일체감은 놀랍고 경이롭다. 나이 들어 대나무를 베어내기도 힘이 들지만 함께 살아오던 비둘기, 까치, 이름 모를 새들까지 어울림으로 보상받으며 야생의 오지 같은 청량함이 있어 녹색의 푸르름이 좋다는 표현에서 대숲을 자신의 삶과 하나 됨으로 여긴 영원성을 발견한다. 시를 읽고 있으면 자연은 신선함과 청량함으로 사람들에게 위안을 주고 위로와 행복을 선물하며, 우주적 눈높이로 감성을 승화시킨다는 느낌을 받는다. 이런 분위기는 작품 「6월의 차」에도 드러나 있는데 6월의 차는 정열이며 수줍음의 차라고 말한다. 이런 느낌은 「8월의 홍차」에서도 이어진다.

　　무더위에 나의 무료함을
　　잊은듯하여 어쩔 수 없이
　　차인 임을 굳이 말하지 않아도
　　나 스스로 대견함과 뿌듯함의

어느 여름날의 차와의 만남이다.

_「8월의 홍차」 일부

    김가혜 시인의 작품은 생활 속에서 건져 올린 현실감이 짙게 깔려 있어 읽는 데 불편함이 없으며 어렵지 않다는 특징을 갖고 있다. 살아가는 자체가 서정적 리듬과의 합일이며 문학이면서 토속성을 함유하고 있어 시어 자체가 편안하고 안정감을 주는 생활 시이다. 순수한 자연이 그대로 표출되어 지극히 부드럽고 안정적이면서 향기롭다. 새소리, 바람소리, 솔잎 부대끼는 소리, 이슬방울의 미소, 흙냄새, 작은 발자국, 구름과 하늘과 우주까지 작은 울림으로 다가와 푸르름으로 맑게 펼쳐져 매우 희망적이다. 일상 자체가 차향에 젖어 있어 조용한 명상의 한 영역처럼 손짓하나 걸음걸이를 상상하게 한다. 차인 임을 굳이 말하지 않아도 스스로 대견함과 뿌듯함에 스며들어 차와 만나고 있음을 말한다. 다음은 여름을 지나 가을로 접근해보자.

    구름이 선힌 조임
    봉우리 위 갈색 나뭇잎들이
    댓바람에 실려
    대봉대 초가지붕에 수북이 내려앉는다

물소리, 바람소리
햇빛이 흐르는 소쇄원
그 옛날, 벽오동에 봉황이
날아와 울면
새로운 시대가 열린다 했지

어젯밤, 마루 끝에 앉았던 님은
누구였을까

날갯짓 소리만 남기고
스치듯 사라졌을까

보름달 걸린 소나무 아래,
배롱나무 가지에
살짝 앉았다 가셨으리

실낱같은 햇빛
바람, 낙엽
오곡의 물소리

아사녀는
찻잔에 차꽃을 띄우듯
하얀 모시옷을 입고

아사달을 기다린다.

_「소쇄원瀟灑園의 가을」 전문

　소쇄원은 담양을 대표하는 명승지로 2008년 5월 2일부로 사적에서 명승으로 재분류되어, 명승 제40호로 지정된 곳이다. 다듬지 않은 자연과 어우러진다는 조선시대의 특유의 조경 문화를 전하고 있어서 관광지로 각광을 받기도 한다. 한국 민간원림의 원형을 간직하고 있으며, 주요 조경 수목은 대나무와 매화, 소나무, 난, 동백 등이다. 김가혜 시인은 담양 지역의 명승지를 작품에 담아 전설처럼 그려내면서 알림에 무게를 두고 있다. 스산한 가을 갈색 나뭇잎들이 댓바람에 실려 대봉대 초가지붕에 수북이 내려앉아 고즈넉한 자태를 묵묵히 드러내고 있음을 눈여겨본다. 물소리, 바람소리, 햇빛이 흐르는 소쇄원은 그 옛날, 벽오동에 봉황이 날아와 울던 기억을 소환한다. 어젯밤, 마루 끝에 앉았던 님을 회상하며 기약 없는 시간을 현실로 끌어들인다.

　날갯짓 소리만 남기고 스치듯 사라진 님은 보름달 걸린 소나무 아래, 배롱나무 가지에 살짝 앉았다가 사라졌을 거란 상상이 돋보인다. 아사녀는 찻잔에 차꽃을 띄우듯 하얀 모시옷을 입고 아사달을 기다린다는 표현에서 가을의 쓸쓸함을 읽는다. 어쩌면 영원히 만

날 수 없는, 마음속에서만 존재하고 있는 님의 정체를 소쇄원이라는 배경에 얹어놓는다. 천년 세월을 간직한 이곳 명승지에서 그 옛날 아사녀와 아사달의 전설을 불러와 아름다운 사랑을 되돌아보며, 기억의 사진첩에서 꺼내와 옆자리에 앉아 있는 듯 저만치 떨어져 있는 그리움 속에 빠져든다.

다음은 여유와 그리움을 전해주는 담양의 가을을 지나 겨울로 가보자.

> 겨울 푸르른 대숲에서는/ 세찬 바람 흰 눈이 내리면/ 대나무들이 힘에 겨워/ 소리를 지르며 휘어진다// 대통 속에 아무것도 없는 줄/ 알았는데 그 속에는 많은/ 말씨들이 있었나 보다/ 부서지며 흩어지는 걸 보니// 겨울 대숲은 푸르지만/ 하얀 눈이 내리는 날이면/ 가끔은 소리를 내기도 하고/ 견디며 인고의 시간을 보낸다// 겨울 대숲은 사계절 중/ 봄을 준비하는 생명의/ 쉼터가 마음을 비워내는 숲으로/ 하얀 눈이 소복이 내리는 날에는/ 흩어진 말씨들을 묻어 버리며/ 순백의 푸르른 대숲이 되어간다.//
>
> _「겨울 대숲에서」 전문

겨울은 춥고 움츠러드는 계절이어서 자칫 활력을 잃

은 것처럼 보인다. 그러나 시인의 눈엔 겨울이 얼마나 위대하고 사랑스러운지 알아차리는 탁월한 관찰력이 있다. 대숲과 함께해 온 세월만큼 공간의 동질성을 발견한다. 머무는 듯 움직이는 공간 속에서 우주적 시간이 흐르고 있음을 체득한다. 대상과의 현실적 체험을 통해 알게 된 자연스러움이며 터득이다. 그는 세찬 바람을 타고 흰 눈이 내리면 힘에 겨워 소리를 지르는 대나무들의 소리를 듣는다. 대통 속에 담긴 말씨를 찾아내고 인고의 시간을 보내면서 봄을 준비하는 생명의 쉼터가 있음도 감지한다. 순백의 푸르른 대숲이 되어가는 과정을 겨울 대숲에서 찾아내고 위대한 자연의 신비에 감탄한다. 자연의 위력은 눈에 보이는 것이 전부가 아니며 내면에서 생동하는 생명력으로 인하여 새로움을 위해 끊임없이 노력하는 신비로움에 감사한다.

담양의 사계절은 대나무와 대나무숲으로 인하여 희망과 놀라움과 푸르름과 생명체들과 대화하면서 보이지 않게 변화하고 있음을 시인은 체험을 통해 발견하고 인지하며 시어로 표현하는 가운데 리듬을 붙여 노래하고 듣는 활동을 통해 향기로운 차향에 젖어 행복을 키운다.

대숲이 내어 준 차향에 스며 들다

김가혜 시인 곁에는 판소리와 감성무 전문가인 남편이자 예인인 국근섭 씨가 있다. 우리 고유의 가락인 민속 장단을 예술로 풀어낸 남편은 자연의 울림을 리듬으로 응원하며 시적 감각을 깨워주는 역할을 한다. 둘이서 예술인으로 활동하는 부부의 모습은 아름다운 하모니가 되어 작품 표현에 도움을 주기에 충분하다. 문학은 세심한 관찰과 리듬과 형상화와 판타지와 보이지 않은 내면세계를 아우르면서 자기만의 언어로 구사하는 예술이어서 함께 활동하는 가운데 새로움이 반짝일 것이라 짐작한다. 김가혜 시인은 대숲에 보금자리를 마련한 지 20여 년의 세월을 한곳에서 살았다. 대나무와 차茶가 그에게 주어진 시간과 행동과 영혼을 모두 스며들게 했다. 새벽을 열면 자연의 소리가 곁에 와 앉았고 대나무와 풀잎들의 몸짓이 하루를 유인했다.

남편의 예술적 입지를 표현한 시 「대숲의 감성무 - 국근섭을 위하여」를 감상하면서 시인의 눈에 비친 모습을 따라가 보자.

바람조차 숨을 죽인
고요한 대나무 숲

실크 자락 휘날리며
발끝에 힘을 모은다
소매 끝엔
소리 없는 댓가지의
푸른빛이 돈다

한 걸음 옮길 때마다
숲은 고개를 숙이고
손끝이 허공을 그을 때
바람은 노래가 된다

감정은 말이 아니어도
몸짓으로 피어나는 꽃
슬픔은 물결처럼 흐르고
기쁨은 푸른 숨결로 스친다

허공을 가르는 선율 속에
풀벌레도 멈추고
대나무 그림자도 멍하니 서서
춤을 바라본다

마치 신령이 내린 듯

그 숲은 무대가 되고

그는 춤춘다

낙엽이 흙이 되듯

춤은 숲이 되고

그는 바람이 된다.

_「대숲의 감성무 - 국근섭을 위하여」 전문

   대나무 숲을 배경으로 더없이 고요한 시간에 대해 바람조차 숨을 죽인다고 표현했다. 남편은 전통 한복을 입고 실크 두루마기 자락을 휘날리며 발끝에 힘을 모아 춤을 출 때면 숲은 고개를 숙이고 바람은 노래가 된다고 했다. 이런 춤사위를 몸짓으로 피어나는 꽃이라 하였으며, 마치 신령이 내린 듯 숲은 무대가 되고 춤은 숲이 되는 사이 그는 바람이 된다는 말로 환호한다. 아름답지 않은 예술은 없다. 더구나 대숲을 배경으로 춤사위를 펼친 예인의 모습은 어디에 비유할 수 없을 만큼 지극한 아름다움이다. 고전적이고 고요하며 바람처럼 휘날리는 옷자락은 보는 이의 마음을 모두 빼앗아갈 만큼 예인의 춤 세계는 신비로움임을 극찬하고 있다. 그래서 일까? 「대숲의 감성무 - 국근섭을 위하여」는 김가혜 시인에겐 뿌리가 된다고 말한다. 함께 걸어가는 삶이 현실 속에서 영원한 수평적 존재감을 갖게 한다고 여겨진다.

비가 오고, 바람 부는 대숲
심장이 움츠러든다

햇빛이 가지 사이로 스며들고
바람은 대숲을 두드린다

그 소리는
여인의 삼베 치마 스치는 소리

뭇 사내의 가슴이
흔들린다

텅 빈 대나무 속엔
감춰둔 속내가 숨어 있다

바람이 불면
대숲은 긴장과 설렘 사이
얇은 선 위에 선다

첫 키스처럼
달콤하고 날카로운

바람의 숨결이 스친다

삼베 치마 끝에 스민 향기
사내의 가슴을 조용히 흔든다.

_「대숲의 바람」 전문

  시 「대숲의 바람」을 마주하면 많은 생각과 장면들이 생성된다. 대숲은 바라보는 관점에 따라 삶의 일대기를 부족함 없이 담고 있는 공간이라는 의미에서다. 문득 젊은 시절을 추억하게 만든다. 그는 대숲에서 불어오는 바람을 통해 사랑앓이를 조용히 그려내고 있다. 경험한 일을 되짚기도 하고 다시 불러내기도 하면서 독자들 마음을 꿰뚫기도 하고 기웃거리기도 한다. 비와 바람에 의해 심장이 움츠러드는 순간과 빛이 가지 사이로 스며들어 대숲을 두드리는 순간은 양면적이다. 여인의 삼베 치마 스치는 소리를 부각시켜 감춰둔 속내를 훔쳐보듯 나름의 숨어 있는 단추를 표출한다. 긴장과 설렘을 건너 달콤하고 날카로운 숨결이 스치고 향기로 매료시켜 가슴을 흔들기까지 심적 변화를 낮은 언어로 안아 곁에 머물게 하면서 시 세계의 뿌리를 튼실하게 만든다. 다시 차향이 스며드는 곳으로 눈을 옮겨 보자.

하느님께서/ 모세의 기적을 보이듯이/ 대숲에서도/ 뿌리가 길을 열어주는 날/ 신묘한 차씨 하나 떨어져/ 인간에게 약이 되고/ 마음을 다스려 주니/ 사람들은 그 나무를 차나무라 하고/ 이른 아침 댓잎의/ 영롱한 이슬을 먹고 자랐으니/ 그 향기 천상의 향이라/ 그 나무를 죽로차라 하고// 맛 또한 그 어떤 감로보다/ 좋다 해서 차(茶) 중에/ 으뜸이어 임금님께 바치고/ 이제는 모든 이들이 즐겨하니/ 죽로차 하면 담양이라 한다.

_「죽로차竹露茶」 전문

  김가혜 시인은 가장 잘하는 일을 차 만드는 것이라고 말한다. 그만큼 오랜 기간 차와 동일지점에서 세월을 버무렸다는 의미다. 대숲에서 뿌리가 길을 열어주는 날 신묘한 차씨 하나 떨어져 차나무가 싹을 틔웠고 영롱한 이슬을 먹고 자라나 천상의 향이라 부르며, 그 나무를 죽로차라 명명하였다는 것이다. 임금님께 바치는 으뜸 차로 죽로차 하면 담양이라는 등식이 성립된다는 명쾌한 정답을 그는 시 안에 담고 있다. 시인의 손을 통해 세상에 빛과 향이 될 정도니 차와 함께한 그 세월이 자랑스럽다. 얼마나 많은 시행착오를 겪어가면서 묵묵히 이기고 일궈 냈을 뿌듯함이 그동안의 애환을 감싸 안아 유연하게 죽로차의 애찬인이 되었으리라. 감동이 시인 앞에 수식어로 붙여질 것 같다.

> 대숲 속 아침이슬을 머금고 자란/ 죽로차, 청명절의 첫물차/ 한 모금 마시니/ 혀끝에 맴도는/ 은은한 단맛/ 목을 타고 부드럽게 흐르며/ 코끝엔 청포도 와인의 청향이 피어난다/ 이보다 더 고요한 기쁨이 있을까// 찻잔에 남은 잔향은/ 그 어떤 향수보다 깊고 은근하다/ 차를 덖고, 차를 마시는 지금/ 나는 대숲 속을 흐르는/ 녹차의 샘, 명천이다.
>
> _「죽로 청명차」 전문

김가혜 시인은 청명절에 딴 첫물차를 죽로차라 부르며 혀끝에 맴도는 은은한 단맛에서 청포도 와인의 청향이 피어난다고 전한다. 고요한 기쁨과 어떤 향수보다 깊고 은근하다는 표현으로 청명차를 애찬한다. 그리고 오랜 기간 차를 만들어 온 자신을 녹차의 샘이며 맑은 명천이라고 말한다. 여기서 우리는 자신만만한 차인을 만나게 된 것이다. 차를 마실 때는 눈으로 한번 마시고 코끝으로 한번 마시고 입으로 음미한다고 말한다. 눈과 코와 입을 통해 신묘한 차 맛을 음미해 보는 여유를 갖도록 유혹한 것이라 짐작된다.

생각해보니 내가 가장 잘하는 것은 차 만드는
일과/ 차 따는 것, 차 마시는 것, 삼다리 차밭을
누구보다/ 잘 안다는 것이다.// 코로나19로 3월에
는 삼다리를 떠나볼까도 생각했지만/ 지금까지 차
공부하고 차 만드는 일만 하다 보니/ 그것도 쉽지
않아 다시금 마음 다잡고 차일을 하다 보니/ 벌써
6월이다. 사는 거는 매한가지인데 차를 만들다 보
니/ 힘이 생기고 다시금 본래의 자리로 와 있는 걸
보니/ 천상 나는 삼다리에서 죽로차를 따는 녹색
빛의 차인 인가보다.

_「삼다리 죽로차 따는 여인」 뒷부분

삼다리는 김가혜 시인이 하루를 여닫는 삶의 보금자리가 마을이다. 대숲으로 둘러싸인 환경에서 차에 대한 일을 해 온 그에게 가장 익숙하고 편안한 일터다. 그곳에서 동네 어머니들과 보낸 세월은 한참이나 길다. 60대가 된 시인은 이제는 산 깊숙한 곳이 아닌 산언저리에서 찻잎을 따고 있다. 그가 가장 잘하는 것은 차를 만드는 일과 차 따는 것, 차 마시는 것, 삼다리 차밭을 누구보다 잘 안다는 자부심이 크다. 차를 만들다 보니 힘이 생긴다는 그는 자신을 천상 삼다리에서 죽로차를 따는 녹색 빛의 차인이라고 이름 짓는다. 대숲을 닮은 녹색 빛은 평화와 행복의 색깔이다.

그는 삼다리를 사랑하며 편안한 마음으로 차에 몰입하는 시공의 주인임을 스스로 밝힌다.

> 대숲에 스민 그리움에 잠겨 들다
>
> 알 수 없는 새소리에 눈을 뜨고
> 창문을 열고 상쾌한 아침 공기를 마시며
> 먼 산의 대숲을 보아도
>
> 미동도 없이 침대에 누워서 멍때려도
> 아침을 달걀 하나 고구마 두 개
> 먹을 때도
>
> 빨래를 빨아서 건조대에 널 때도
> 마당에 풀을 뽑다가 민들레를
> 죄다 뽑아버려도
>
> 내 마음속 어딘가 채워지지 않은
> 그 모든 내 모습은 오직 하나다
> 끝도 없이 보이지 않은 그리움!
>
> _「그리움」 전문

그리움은 형체도 색깔도 냄새도 없으면서 그럼에

도 심장 전부를 점유한다. 사유의 세계에서만 떠올림이 가능한 일이지만 넓이와 폭이 너무 깊고 커서 마음을 지배하는 위력에 감당하기 힘들 때가 많다. 희망하거나 원해서가 아닌 일상에서 부딪힌 어떤 고리로 인해 인내와 저항력과 에너지를 몇 겹으로 요구한 탓에 상처가 되고 슬픔이 되고 고통이 되기도 한 그리움은 마음을 차지하려는 욕심에 한계가 없다. 시인 또한 버거운 그리움에서 탈피하고 싶은 의지를 보이지만 쉽지 않은 일이다. 평생 가슴에 안고 가는 일도 너무 많아서 때론 좌절에 빠져들기 일쑤다.

  새소리에 눈을 뜨고 창문을 열고 상쾌한 아침 공기를 마시며 대숲을 관망하기도 하고 미동도 없이 멍때리기를 해 봐도 사라지지 않는 허상의 그리움은 항복할 줄 모른다. 아침을 먹을 때도 건조대에 빨래를 널 때도 마음속 어딘가 채워지지 않은 그 모든 자신의 모습은 오직 하나, 끝도 없이 보이지 않은 그리움이라는 절절한 속대화에 공감한다. 온 날을 모두 앗아가 버릴 때도 많은 그리움의 무게는 그 어떤 지우개로도 닦아내지 못하고 내쫓지 못해 가슴 안에 멍울로 남기 마련이다. 밖으로 몰아낼 수 없기에 더 많이 아프고 괴롭고 슬프다. 때론 눈물샘까지 들쑤셔 충혈된 눈을 만들기도 한다. 시인의 이런 안타까움이 무언독백으로 서럽게 아파하는 그리움에 가까이 가보자.

어느덧 몇 해가 흘렀다.

꽃은 피고 지고

봄은 겨울로 이어지는데

너 없는 시간은

여전히 멈춰 있다

노오란 민들레는 씨앗 되어

어디론가 흩날리고

장미는 새색시 치마처럼

붉게 피어났지만

가을은

스산하게 다가온다

겨울을 버티는 나무는

마지막 파티를 열 듯

화려한 옷을 갈아입고

저마다의 색을 내지만

너의 계절은

아직도

겨울에 머물러 있다

별이 되어

먼 길 떠난 너

나는

달처럼 조용히

너를 따라

빛나고 싶다.

_「그리운 딸에게」 전문

   김가혜 시인은 별이 되어 먼 길 떠난 딸을 그리움의 가슴 밭에 데려다 놓는다. 해가 바뀌고 새날이 와도 딸을 향한 시계는 떠나는 날 그 지점에 여전히 멈춰 있다. 꽃이 피고 계절이 모습을 달리해도 스산하게 다가온 우주의 시간은 달라지지 않는다. 아직도 겨울에 머물러 있는 딸을 쫓아 달처럼 조용히 따라가 빛나고 싶은 엄마의 심경을 털어 놓아 애잔한 마음이 든다. 겪어본 사람만이 오롯이 감당할 수 있는 현실적 아픔에서 벗어나길 바래본다. 훗날 다시 만나게 될 시간을 스스로에게 부여하며 꽃이 되어, 나비가 되어, 별이 되어 멀리서 바라보고 있을 거란 믿음에 기대길 소망한다. 시 「울 엄마」에서도 그리움은 온통 가슴속에 가득하다.

우리 엄마는 지금 요양원에 계신다. 벌써 7년, 8년이 되었을까. 모신 지 얼마 안 된 것 같은데, 어느새 남의 손에 의지하며 살아오셨다.

파킨슨병. 엄마는 남들보다 조금 이르게 요양원 생활을 시작하셨다. 손주들도 다 키우셨고, 이제야 예쁜 옷도 입고 친구들과 수다 떨며 자신만의 시간을 보내셔야 할 나이인데. 엄마는 자식 눈치를 보며 다리를 제대로 쓸 수 없다는 이유로 요양원에 가시길 망설이셨다. 하지만 큰딸인 나는 그 누구보다도 먼저 엄마를 요양원에 모셨다.

그땐 잘한 선택이라 믿었다. 엄마도 만족하신 듯했지만, 지금은 자주 후회한다. 그냥 조금만 더 집에 계시게 할걸. 같이 여행도 다니고, 마음을 정리할 시간이라도 드릴걸.

8년이 다 되어가는 지금, 자식들은 가까이 있어도 바쁘다는 핑계로 엄마를 자주 찾지 못한다. 어쩌다 한 번 가도 그저 후다닥 다녀온다.

며칠 전 엄마를 뵈었다. 파킨슨병은 엄마를 조용히, 깊게 앗아갔다.

초점 없는 눈. 의욕도, 말도 사라진 얼굴. "왔냐", "밥 먹었냐" 그런 소소한 인사조차 이젠 들리지 않는다.

어깨부터 발까지 엄마의 몸을 조심스레 주물러

도 "좋다", "싫다"

어떤 말도 없다. "엄마, 나 이제 갈게요." 예전엔 "좀 더 있다 가라." "다음엔 언제 오냐" 하시던 분이, 그 말도 하지 않으신다.

그래도 나는 그런 엄마를 보고 싶다. 마음이 아파도, 돌아서면 또 일상에 지치고, 잊고 살 것 같다.

엄마에게 "사랑한다"는 말을 한 번도 제대로 못 했다.

엄마, 사랑해요. 내가 자주 못 가도 보고 싶어요.

세상일이 힘들 때 찾아갈 수 있게, 조금만 더 오래오래 살아주세요.

좀 더 자주, 찾아뵐게요.

_「울 엄마」 전문

김가혜 시인의 엄마는 노년을 요양원에서 보냈다. 자식의 도리로 차마 발길이 떨어지지 않은 애처로움이 가슴에 멍울을 남기지만 일상은 시간적 어려움이 동반된 탓에 행동에 제약을 받는다. 사랑한다는 말을 하지 못했다는 아픈 고백이 담긴 글은 부모님을 상기시키고 공감대를 형성하면서 울컥해진다.

얼마 후 효도를 다 하기도 전에 소천하신 엄마를 붙잡을 수 없는 안타까움이 「어머니 소천 하신 날에」라는 시에 그대로 담겨 있다. 가슴이 찡하다. 그리움은 흔적 없는 투명체로 주변에 와 있다. 그는 매화꽃 피는 날 노란 나비 되어 날아가신 엄마를 가슴속에 묻었다. 그리고 새처럼 날아와 앞마당 매화나무에 앉기를 기다린다. 하늘 세계로 떠난 엄마가 새처럼 날아오기를 바라는 그리움이다.

> 어릴 적, 이맘때면/ 쉰 밥을 엿기름에 버무려/ 달달하고 풀죽 같은 단술을/ 양판 긁어가며 먹었다// 그 여름은 참 많이도 더웠지만/ 모깃불 피우고/ 어머니, 아버지, 오빠, 동생/ 모두 모여/ 단술을 먹던 시절이/ 그립다// 꿈 많고 순수했던 소녀는/ 반평생을 훌쩍 넘겨/ '할머니' 소리를 들어도/ 어색하지 않고,/ 스스로 말해도 괜찮은/ 젊은 할머니가 되었다// 단술을 먹으니/ 부모님이 그리워지는 건/ 삶이/ 더 깊어졌다는 뜻일까.
>
> _「단술」전문

단술은 옛날 가정집에서 남은 밥으로 만들어 먹던 달달한 음식이다. 김가혜 시인은 단술을 먹으면서 어릴 적 온 가족이 모여앉아 먹었던 추억을 그리움으로 되살린다. 할머니가 되었어도 잊혀지지 않은 기억 시계는 언제나 그리움이란 사진첩에서 불쑥불쑥 펼쳐지고 있음을 다시 확인시켜 준다. 세월이 아무리 나이테를 그어도 유년의 그리움은 또렷하게 삶의 회로 한켠을 차지한다. 그런 그리움은 아름다움과 맞물려 즐거운 추억이 될 수도 있지만 아픔이 있는 저편의 그리움은 늘 슬프고 안타까움이 뒤따라 숙연해진다.

    김가혜 시인은 걸어온 삶의 행로에서 대숲과 함께 차와 함께 긴 호흡을 연결고리로 만들어 왔다. 오랜 세월 차인으로 사는 동안 또 다른 예술의 장르인 문학의 길에서 얻은 값진 보람을 시집으로 엮어 출간하는 기쁨을 설레는 마음으로 기대하고 있다. 조금은 느긋하게 대숲의 고요와 아름다운 자연을 차경借景하면서 대숲과 하나 되어 담담한 날을 새겨가는 일상이 경험적 소산으로 밀착되어 고풍스럽다. 죽로차를 딸 때의 모습을 거울에 담고, 차 한 잔에 머무는 향처럼 은은한 뉘앙스에 인생의 미풍을 스스로 만들어 마음의 길을 유유히 걸어간다. 그러면서 끝임없이 자신에게 던진 물음으로 나는 지금 어디에 있는지를 확인하는 과정은 미래를 꿈꾸는 초연한 그림일 것이다. 차 만드는 일을 제일 잘한다는 김가혜 시인의 행로에 든든한 받침대가 되어줄 문학의 역동적 힘이 더욱 크게 작용하기를 바란다, 더 좋은 작품으로 다음 시집을 준비하리라 믿으며, 대숲에서 건져 올린 향기 나는 시처럼 아름다운 예술혼이 별처럼 빛나기를 희망한다.

대숲에 내리는 시

초판 1쇄 인쇄 2025년 8월 29일
초판 1쇄 발행 2025년 9월 06일

지 은 이 김가혜
펴 낸 이 임성규
펴 낸 곳 다인숲
디 자 인 정민규

출판등록 2023년 3월 13일 제2023-000003호
주　　소 62357 광주광역시 광산구 월곡산정로 20-49 101동 106호
전자우편 a-dream-book@naver.com

*책 가격은 뒤표지에 표시되어 있습니다.
*지은이와 협의에 의해 인지는 생략합니다.
*잘못된 책은 교환해 드립니다.

ISBN 979-11-994222-2-3 03810

ⓒ김가혜, 2025

이 책은 광주문화재단의 지역문화예술육성지원사업으로 지원받아 발간되었습니다.